사진가 강병두의 활 이야기

ESSAY + POEM = ESSPOEM

사진가 강병두의

활이야기

강병두 ESSPOEM

도서출판 천우

여는 글 >>>>>>>

'활' 이름만으로도 벅차다. 처음 입문 후 알아가는 과정에서 다양한 고민이 생겼고 그 고민을 해결하기 위해 여러 학습 방법을 사용해 봤다. 좋은 느낌, 안타까운 느낌, 해서는 안 되겠다는 방법 등 도전하고 익혀 중심을 잡고 나를 찾을 때마다 생각하고 지난 행위를 짬짬이 기록하다 보니 여기까지 왔다. 글은 시 형식을 빌렸다. 문학도가 아니니 어느 장르라고 꼭 집어 말하긴 힘들다. 산문 형식의 글도 간간이 있고 지루하지 않게 사진도 첨가했으니 읽어보는 독자들께서 이해하시고 혜량을 베풀어주실 것을 바란다.

수년 전 지역의 작은 신문사에서 사진 강의를 겸한 필담을 요구한 바 있어 훗날 시리즈물로 모아 한 권의 책으로 엮었었다. 이후 정자 이야기나 상여, 그리고 지방 문화관광에 대한 답사기를 모아 책을 출간한 기억도 있는데, 특정 분야인 '활 이야기'를 출간하며 두려움과 함께 호기심이 생긴다. 정답이 없는 무형의 자아를 찾아가는 분야라 늘 재미가 있지는 않다. 모든 운동이 그러하듯이 고통이 따르고 고비를 넘어 새로운 방법을 찾아 자신이 조금이라도 변화되었다는 단계를 인지하면 기쁨과 즐거움이 따르고 책임감을 느낀다.

    교육과 전시를 업으로 하며 항시 미진하다는 생각으로 지냈는데 활을 알고부터는 더하다는 생각이 든다. 돌아서면 그 자리란 말이 어찌나 맞는지, 지금 글도 완성은 아닌 것 같다. 하루하루 반성하고 내일을 맞이하려는 몸부림 정도로 생각해 주면 감사하겠다. 이 책을 내기까지 도움과 조언을 주신 안동시궁도협회장님과 같이 고민하고 개선을 위한 방법을 이야기해 준 영락정(안동시궁도장) 동료 사우 여러분, 그리고 활터 현장 이야기이니 잠깐이라도 참여한 모든 분에게도 고맙다고 전한다.

2025년 6월 10일 포진마을 작업실에서

꿈가치如夢 강명두

1

화살은 다시 돌아오지 않는다

아침 습사	11
활터 가는 길	13
잔디	16
과녁제	18
낮술	20
사대에서의 루틴(routine)	24
몰기	26
덕담의 무게	28
평정심 찾기	32
공기와 놀자	34
흐름	37
홀수의 미학	39
정이 두 개	41
국민교육헌장을 되새기며…	43
이름 없는 접장	46
착각	47
결론은 버킹검	50
영락의 사계	52

2

활을 배운다, 인생을 배운다

각궁	• 55
1단에서 9단까지 별칭에 대한 소고(小故)	• 56
명궁	• 58
도(道)	• 60
배려	• 61
일시천금(一矢千金)	• 64
일시만시(一矢萬矢)	• 66
촌각	• 70
폐해	• 71
버리는 과정	• 72
각궁위진(角弓爲眞)	• 74
내·외의 완벽한 조화가 만작(滿作)이리라!	• 76
승단시험	• 81
2024년 도민체전 해단식 후	• 83
알면서 당하는 맛!	• 87
영락정 현판의 내력	• 88
지난 영락정의 흔적을 찾아서…	• 90
전추태산(前推泰山) 발여호미(發如虎尾)	• 94
최소한의 약속	• 97
활은 활이다	• 99

3

과녁은 항상 그 자리에 있다

활 배웁니다	• 103
이론과 실전	• 106
활은 쉽다	• 108
협업(協業)	• 112
화살이 과녁에 맞지 않는 이유	• 113
정중동(靜中動)	• 115
활을 위한 서사(敍事)	• 116
격(格)	• 120
교감	• 123
끼리끼리	• 125
비우고 채우고	• 126
내가 화살이다	• 130
바른 자세에 대한 궁금증?	• 131
활이 주는 문제	• 135
사진과 활	• 136
사대 스딸	• 138
비운다	• 142
최종병기	• 143

1

화살은 다시 돌아오지 않는다

아침 습사

밤새 고라니를 몇 마리나 잡았는지 모른다. 자그마한 텃밭이지만 애써 가꾼 농작물을 수시로 내려와 야금 먹는 바람에 신경이 곤두서 있다가 날을 잡아 응징을 위해 활을 들고 나서서 소탕에 들어갔다. 여기서도, 저기서도, 이력이 났는지 이젠 산허리까지 쫓아 올라가 한 번 시위를 당겼다 하면 한 마리씩 혓바닥을 내민 채 쓰러진다. 그렇게 피치를 올리던 중 호랑이가 보여 잡으려다 눈이 떠졌다. 꿈이었다. 욕심이었는지 살아 있는 게 복이었는지 모르겠지만 오늘은 뭔가 다르다는 기대감에 아침부터 활터에 갔다.

아침 조로 불리는 몇 분이 활을 내고 있었다. 인사를 건네고 궁방에서 활을 올려 사대에 섰다. 안동댐 인근의 산허리를 절

개한 곳에 자리한 활터는 사방이 조용하고 아궁이 속에 건물을 안착한 형국으로 사계절이 좋다. 이내 상쾌한 아침 공기가 폐를 씻어 주듯이 정화하는 기분이 든다. 밤새 내가 다 잡았는지 가끔 보이던 고라니는 안 보이고 종달새만 지지배배 소리를 내며 좌에서 우로 왔다 갔다 한다. 몇 순*을 거푸 내는 동안 맞고, 안 맞고의 기록보다는 조용한 가운데 만작(滿作)*하고 있는 내가 좋았다.

살을 치러 과녁을 향해 걸어가는 중에 발걸음마다 느껴지는 이슬 먹은 풀잎들이 신발을 감싸안는 기분이 좋다. 언덕에 기대 핀 이름 모를 야생화 군락을 보며 도란도란 이야기하며 걸어가기도 하고 능선 위에 우뚝 선 소나무의 고귀한 자태를 훔쳐보곤 나 자신을 빗대어 보기도 한다. 끼리끼리 모여 있거나 흩어져 널브러진 화살을 줍고 돌아올 때 느끼는 잔디와 모래의 촉감은 살이 맞고, 안 맞고 원인을 계산해 보는 잡생각 중이라 느낄 겨를이 없다. 다만 다음 순에는 자신을 돌아봄을 했으니 기량 증진이 있을 수도 있겠다고 생각한다.

* 순(巡) : 활 쏘는 경기에서 각자 화살 다섯 대까지 쏘는 한 바퀴
* 만작(滿作) : 왼 줌손을 밀고 오른 각지로 현(줄)을 당길 때 바르게 더도, 덜도 아니게 펼친 상태

활터 가는 길
— 포진*서 상아*까지

술 좋아하는 도시 촌놈이 살아가는 방법은 자동차보단 버스를 이용하는 편이다. 영락정에서 과녁제와 신사들의 집궁례*가 있어 걸어가기로 하고 집을 나선다. 안동대학교 종점 정류장에서 버스를 타 용상영화관 정류장에 내렸다. 법흥교 옆으로 난 안동댐 둘레 길을 통해 월영교에 다다를 때면 댐 건설로 인해 수몰 때 이건한 석빙고와 선성현객사가 있어 당시 임금에게 진상한 얼음 채빙과 간고등어가 생각난다.

아침 안개 속의 풍경과 야경이 아름다워 전국의 사진가들에게 소문이 난 목재로 만든 월령교를 건너며 안락을 만끽한다. 무인 커피숍에서 아아* 한 잔을 테이크아웃해서 진모래 상아교를 지날 때면 안중 할매*가 활약한 장소라 왕건과 견훤이 생각난다. 지나는 버스도 없고 걸음이 지루해 질 때쯤 보이는 '산수갑산' 식당은 '삼수갑산(三水甲山)'이 맞는데, 라고 생각하며 주인은 알까? 모를까? 늘 궁금증을 가지며 오늘도 그냥 지난다.

 영락정 아래편 도로 가의 주차장에서는 스물세 개의 돌계단을 걸어 올라야 한다. 계단을 오르는 동안 떠오른 생각이다. 오르는 것이 있다면 내려가는 것도 있겠지? 지금 힘들고 나중엔 편할까? 어느 세월에? 생각이나 할까? 활을 내며 마음에 궁금증과 풍요로움이 가득하던 초심에서 활터의 찌든 때가 묻은 지금이야말로 '내려놓는 것을 생각해야 할 때가 아닌가!'라고 혼자 나에게 묻는다.

 오늘도 나는 자만이 없기를 바라며 남의 허물을 보지 않기를 기원한다. 마지막 스물세 번째 계단을 밟으며 습사와 행사를 마치고 내려올 때 웃으며 나오기를 생각하고 기원한다.

* 포진(浦津) : 필자가 사는 동네
* 상아 : 안동시궁도장(영락정)이 있는 곳
* 집궁례 : 신사가 처음 활을 내기 위한 의례
* 아아 : 아이스 아메리카노
* 안중 할매 : 고려 건국 전 왕건과 견훤의 전투에서 왕건 편에서 승리의 틀을 잡은 할머니

▲ 영락정 전경 | 강병두

잔디

 내가 아는 잔디는 그냥 풀이다. 한 번도 이쁘다거나 푸름이 좋다는 생각을 해 본 적이 없다. 학명을 찾아보니 볏과로 들이나 산에서 자라는 키가 작고 뿌리가 붙은 상태로 무리 지어 있는 풀이라 한다. 갯잔디, 금잔디, 들잔디, 물잔디, 비로드잔디 등이 있다. 사정에 있는 이러한 식물을 살리는 사우들이 있어 생각해 봤다.

 연일 가뭄 속에서 고전을 면치 못하던 잔디 살리기에 사두님을 필두로 솔선수범한 몇 사우들이 나선 것이다. 일을 하고, 안 하고를 말하고자 하는 것이 아니니 오해는 없었으면 한다. 평소 자연을 대하는 자세란 '내가 다녀간 흔적이 없도록 하는 것이 제일 좋은 것'이라고 이야기 해온 나로선 화분이나 분재,

야생화 키우기 등을 극도로 싫어하는 한 사람이다. 자연에 그냥 두면 되는 것을 왜 못살게 그러는지 이해가 안 간다.

그러다 보니 늘 보는 잔디 또한 나의 관심 밖이었다. 누가 지나가는 말로 보호를 외치면 동의해서 나선다기보다는 가만히 두기를 간절히 바라지만 누구도 안 하기에 마지못해 할 뿐이다. 집 마당에 나는 풀도 그냥 두었다가 마나님의 호통에 움직이길 여러 차례다. 그러니 풀과 접시꽃, 옥수수, 해바라기가 마구 섞여 자라는 곳이 내 집이다. 물론 집 마당에 잔디 심자는 것도 반대했다.

무더위가 기승을 부리는 뙤약볕 아래 잔디에 물을 주기 위해 공구를 들고 이리저리 다니는 몇 사우를 보며 든 생각은 그래도 마음을 주는 회원들이 있어 정에 활기가 차고 편하고 밝아진다는 생각이 들었다. 정(亭 정자)에 정(情 뜻)이 있어 정(靖 편할)하고 정(晶 밝을)하다였다.

사정이다. 정정정정

과녁제

돼지머리, 사과, 배, 밤, 대추, 명태포, 시루떡, 막걸리 등 정갈한 상차림이다.

한 해의 무사 안녕을 바라며 사우들이 모여 과녁에다 절을 한다.

늘 미동도 없이 우리를 바라보는 과녁에다 기원을 드린다.

일방적인 애원일지 무슨 답을 할지 모른다.

사두가 돼지 입에다 돈봉투를 꽂곤 절을 하고 제관이 축문을 읽는다.

부사두, 고문, 사우들이 돈봉투 하나씩 돼지 입에 꽂고는 절을 한다.

과녁에다 흰 실 꾸러미와 명태를 매달며 한해 안녕하길 기원한다.

음복 막걸리 한 잔에 한해 소원이 다 통했나 보다.

하늘이 방긋 웃으며 화답을 한다.

이런 비 오네! 각궁 내리고 한 잔 하세!

낮술

　요즈음 활에 빠져 생활하는 시간이 다반사다. 입문 후 다양한 활 내임*의 관계를 찾아가는 과정이라고 보는데 언제 어디서든 어떤 방법으로든 활 내임이 자유로워야 한다는 생각이 강해 부지불식간에 활터를 찾는 경우가 있다. 평소 오후에 자주 갔었는데 불현듯 아침에 활터를 찾아가니 아침 조에 속하는 사우 분들이 자리하고 있었다. 농담이 섞인 소리로 인사를 했다.

　'술이 덜 깼을 텐데, 아침에 재무가 웬일로 이 시간에 다 오노?'
　'잘 내나 보러 왔니더!'
　'감시하러 왔는건 아이재?'

'누가 누굴 감시하니껴! 어~~이상한데. 뭐 잘못하고 있는 건 아이껴?'

'그람…상 주러 왔나? 아침에 활터 풀 다 베고 나니 오네…'

'그건 소문내야죠?'

'우린 오른손이 한 건 왼손도 모른다.'

한바탕 웃음이 오가고 활을 낸다. 맞고, 안 맞고가 아닌, 맞으면 좋고, 안 맞으면 또 그뿐인 활 내임이다. 습사무언(習射無言)이 철칙인 사우들이 보면 미간을 찌푸릴까 두려워 생략한다. 권유에 끌려 참석한 아침을 겸한 반주가 생각에 남는다. 일전에 본 영화 중 '낮술'이란 제목의 영화가 있다. 내용에서 기억에 남는 카피 문구는 '술과 여자의 공통점은, 남자라면 거절할 수가 없다.'였는데 여기서 술과 활의 공통점은 아마도 이해가 통하는 사람과 같이 해야 하지 않나? 생각한다.

술 이야기가 나왔으니 '낮술'이란 독립영화 한편을 소개하고 마무리해야겠다. 십여 년 전에 나온 영화로 제작, 각본, 음악, 편집, 촬영, 미술, 감독까지 무려 1인 7역을 소화하여 제작비의 대부분을 술값으로 지불하였다는 노영석 감독의 전언이다. 우리가 살면서 끊임없이 술을 권하고 술을 마시고 술로 인해서 문제가 발생하고 술로 인해서 친해지기도 하는데, 어느 자리에서건 술이라는 것을 거부하는 것은 힘든 일임을 잘 알고 있다. 여기 나오는 주인공도 친구들과 술을 마시다가 마지못해 여행 약속을 하게 되고 우연히 만난 여자가 술을 한잔 사달라며 접근해서 일이 꼬이고 히치하이킹에서 만난 낯선 남자와의 변태성 깊은 헤프닝이 벌어지고 술을 먹다가 취중 친구의 고백에 오해도 하게 되고 등등 술로 인해서 자꾸만 예기치 않은 방향으로 일이 진행되어 헤어날 수가 없게 된다.

그리고 영화 내내 소심남인 주인공을 통해 묻어나는 남자의 성정체성에 대해 어떻게 그렇게 적나라하게 표현할 수 있었는지? 남자들의 속마음을 99%(아마도 1%는 반대가 있을 것 같아서)는 표현한 것 같다. 초저예산 영화라서인지 보기에 부담가는 카메라의 흔들림이나 거친 화질 등 여러 가지 면에서 작품의 질이 떨어지지만 개개인의 역할에 충실했던 출연자들이 기억나며 특히 자아 도착에 빠진 듯한 4차원의 '난이누나'로 나오는 배역에 흥미를 느꼈다. 극 중 이름과 같은 이란희 씨는 지금도 근로자들의 삶이나 해고 노동자 등을 주제로 한 독립영화를 제작하는 것으로 알고 있다.

활터를 통해 사람을 알아가고 활에 대한 의견 교환을 하며 술잔을 기울이다 보니 주저리주저리 많이 늘어놓는 것 같아

▲ 종가의 주안상 | 강병두

미안하기도 하고 배움도 늘어나 좋다. 낮술(아침술) 한잔에 또 하루가 지나간다.

* 내임 : 활 쏘는 행위

사대에서의 루틴 routine

거치대에서 활을 들고 사대에 서서 정면을 향해 선다.

왼편에 태극기, 오른편에 소나무

정면의 풍향계를 보며 바람을 읽는다.

발 딛음을 보고 항문에 힘을 준 다음

화살 끼운 활을 들고 과녁을 본다.

배에 공기가 찼는지 확인하고 숨을 멈춘다.

왼팔 중구미*를 엎어 태산을 밀 듯이 하고 오른 쏜 각지 낀 엄지는 현을 당겨 전해지는 탄력을 느낀다.

만작이다.

속으로 하나, 둘, 셋, 넷, 다섯을 세기까지 살을 낸다*.

낸 후 마음에 두지 않는다.

내가 보낸 것은 나에게 돌아오지 않음을 알기에

* 중구미 : 활을 잡은 팔의 팔꿈치
* 낸다 : 쏜다.

몰기

한 순의 마지막 화살이 다섯 번째 과녁을 때리는 소리가 났다.

'축하합니다.'

'축하드립니다.'

'축하합니다.'

'축하드립니다.'

옆 사수들의 덕담이 바쁘다.

'고맙습니다.'

몰기한 사수가 겸손과 교양이 흘러넘치게 말한다.

습사무언(習射無言)이라지만

나도 겸손과 교양을 흘러넘치게 담아

'고맙습니다.'라고

사대에서 말하고 싶다.

▲ 시지(점수 기록 종이) | 강병두

덕담의 무게

　화살이 과녁에 안 맞을 때는 같은 사대에 선 입장에서 민망함을 감추려 다양한 덕담이 오가는 편이다. 이는 '습사무언(習射無言)'과는 상관없이 행해지는 추임새로 봐주면 좋다.

'과녁이 좀 뒤로 가더라!'
'수그리던데!'
'자(과녁)가 가만 안 있고 옆으로 움직이네!'

'실저정곡 반구저기신(失諸正鵠 反求諸其身)'이란 자기 몸을 돌아보란 깊은 뜻이 있지만 실패에서 오는 당사자의 압박감을 알기에 동료로서 위로의 덕담이라 생각하고 넓게 품어주면 더 좋으리라 생각한다.

승단 시합을 앞두고 있자니 많은 분의 격려 소리가 들린다. 간식을 비롯해 '화이팅'이 섞인 말까지 벌써 승격이 된 것처럼 과분하다. 거기에 비례해 속으로의 부담은 증가한다. 혼기 지난 총각·처녀에게 해 주는 해맞이 덕담이 스트레스로 작용해 집에 가지 않는다는 기사를 본 적이 있다.

문득 왜 이런 생각이 날까?

▲ 고궁의 추억 | 강병두

평정심 찾기
— 승단에서

    자신감이 강해야 함을 잊지 않는다. 스스로 자신을 믿고 한 발씩 보내는 과정이 쉽다고 생각해야 극복할 수 있는 것이 활을 내는 과정이라 생각한다. 옛 자료를 보더라도 장수를 비롯한 수많은 사람들이 자신이 가진 난관을 극복했고 가까이 상주 출신의 매헌 정기룡 장군은 깨달음을 통해 하나하나씩 단계를 거쳐 신궁의 반열에 올랐다고 한다. 사대에 오르는 매번의 과정 또한 하나의 깨달음 과정이리라 생각한다.

    현대 국궁의 승단 시험에서는 1순에 5발씩 9순, 45발을 내어 과녁을 맞힌 시수로 합격, 불합격을 판가름하게 된다. 1순에서 9순까지 느긋하게 시작하여 뒤로 갈수록 남은 시수가 별로 없으니 쫓기는 심정이 되어 평정심을 잃고 조급하게 끝나는 경우를 많이 보게 된다. 나를 돌아보라 했는데, 그 돌아봄의 출발은 무엇일까? 고민이고 나 역시 돌아봄을 못해 늘 찾고 있다. 누구나 찾고 있다고 생각한다. 찾아 줄 수도 없고 남이 준 것은 자신이 사용하지도 못한다.

    아마도 여러 차례 실전의 경험을 통해 한 걸음씩 앞으로 나아가는 자신을 볼 수도 있고 그때 평정심을 가지고 자아를 찾게 될 수도 있다. 물론 못 찾는 수도 있으나 그것 또한 내일의 자산이 될 것임을 나는 믿는다. 활 쏘임에 대해 고민하는 모든 사우님들의 행운과 건승을 바란다. 내일은 또 새로운 자기 자신을 만날 수도 있으니 부디 낙담하지 마시고 다음에는 꼭 승격하시기를 기원한다.

공기와 놀자

양력(揚力)이란 유체의 흐름 방향에 대해 수직으로 작용하는 힘이다. 유체의 흐름이 변화하면서 생기는 압력의 차이에 의해 생기며 새나 곤충 등 날아다니는 것들 대부분이 양력을 이용해 날고 있다.

내가 보낸 화살 또한 살아있어 공기의 흐름을 타고 양력에 의해 간다. 다만 어떻게 보내느냐의 차이가 있어 과녁에 맞고, 안 맞고 희비가 갈릴 뿐이다. 알라딘의 마법사가 양탄자를 타듯이, 손오공이 구름을 타듯이, 나만의 근두운*에 태워 공기와 놀듯이 날려 보내고 싶다.

공기는 주인도 없는데 왜 그렇게 같이 놀기 힘든지 모르겠

▲ 포진(浦津)마을 | 강병두

다. 차라리 주인이 있어 대가를 지불하고 마음대로 부려 봤으면 좋겠다. 주인도 없고 눈에 보이지도 않는 공기를 마음껏 마시고 타고 놀려니 힘들다. 보이지 않는 욕심이 많아 힘든가 보다.

* 근두운 : 서유기에 나오는 손오공의 이동술. 구름을 흔히 말한다.

흐름

흐름은 어디에나 있다.

사대에서 느끼는 한 줄기 바람에도 있고, 처마를 타고 내려오는 빗물에도 있다.

잔디의 잎을 타고 오는 미세한 진동에도 있고 흩날리는 낙엽에도 있어 춤을 추며 내려온다.

당연히 사대에서 내가 보낸 화살에도 흐름이 있어 춤을 추며 간다.

이런 흐름을 마음으로 느끼며 알고 타고 싶다.

농익어가는 세대지만 젊음의 흐름도 알고

세대차를 떠나 느끼고 흐름에 의지하고 싶다.

익어가는 세대와 푸릇한 세대의 만남 또한 흐름이 있다.

▲ 꽃들 | 강병두

홀수의 미학

산에 올인(All in) 하던 시절이 있었다. 전국의 산을 섭렵해 보고픈 욕망에 백두대간 종주를 했고 티베트를 통한 히말라야 미답봉(6,300m) 도전을 끝으로 휴식기에 들었다. 선배들의 조언이나 교육에 따르면 3인 1조가 산행 시 가장 효율적인 구성요소라고 이야기한다. 이는 사고 발생 시 1명은 안전을 위해 남고 1명은 구조 요청을 위해 홀수가 좋다. 그리고 단체가 이동 시에도 짝수보다는 홀수를 선호하는데 의견이 나뉘는 때에 분파보다는 홀수가 의사결정에 큰 기여를 한다는 생각에 나도 권장하는 편이다.

홀수는 하나가 남는 수라고 하는데 활터에서도 홀수에 많은 의미를 두는 것을 보게 된다. 1중, 3중, 5중(몰기), 15중(연몰기), 25중, 45중 등에 의미 부여를 한다. 홀에 대한 근원이 어디에 있는지, 어떤 연유에서 시작되었는지 찾아보는 것은 후일로 미루고자 한다. 다만 홀은 짝으로의 출발점이다. 만이라는 의미를 좋아하고 완성체를 좋아하는 사람이 다수인 사회구성 요건에서 출발점의 의미는 동기부여의 핵심이 될 수도 있다. 그래서 첫발인 1시(矢)가 중요하고 5시 또한 1순(5발)의 마무리이자 2순인 다음의 연결점이 될 수도 있다는 의미가 아닐까 자문해 본다.

좋은 동료와 나눈 한 잔 술이 좋았고 거나히 취기가 오른 가운데 빈터에 핀 잡초를 보고 문득 몰기와 시수 그리고 유단(1~9단)에 대해 나눈 말들이 생각나 떠오른 생각을 정리해 본다. 과녁에 맞고 안 맞고는 사람마다 느끼는 의미가 다를 것이다. 좋은 사람과 사대에 나란히 서서 같은 곳을 바라본다는 자체만으로도 좋고 1시에서 5시까지 자신의 몸을 돌아보고 날아가는 화살이 나의 연장선이라는 생각이 들 때가 좋다.

정이 두 개

코로나가 발병하기 전 국궁 입문 초보인 2018년 시절에 대구 어느 활터를 방문한 기억이 있다. 방문객의 입장에서 박카스 한 박스를 들고 간 터라 여러 사우들과 인사를 나눌 기회가 주어졌는데 그중 한 분이 묻는다.

'어디서 왔나요?'
'예 안동 영락정입니다.'
'안동엔 정이 몇 개나 있나요?'
'하나 있습니다. 다 그렇지 않나요?'
'아니에요. 협회는 하나겠지만 정은 여럿 있을 수 있어요. 안동 사람들은 화합이 잘되나 보네요.'
'뭐. 그럭저럭 잘 지내는 것 같아요. 근데 화합하고 상관있

나요?'

'주로 사우들 간 알력 다툼이 있고 난 후 따로 살림을 차리지요'

'헉!…'

아무튼 새로운 것을 들은 셈이다. 안동에 정이 두 개가 아닌 것에 감사를 해야 하나 말아야 하나 고민이다. 정엔 다양한 성향의 사람들이 왕래한다. 사고도 잦고 트러블도 가끔 생기지만 겸양을 앞세워 그런 일이 반복되지 않았으면 하는 생각이 든다.

국민교육헌장을 되새기며…

활터인 영락정(永洛亭)에 자주 가는 편이다. 좋은 기억과 함께 안 좋은 기억도 상존해 있는 곳이지만 좋은 시설인 데다 다니는 길목에 위치해 좋고 마음을 비우니 편하게 간다. 활(각궁)을 바꾸니 적응 기간이 필요한지 활을 올리고 화살을 골라 마음을 다잡고 과녁을 가만히 보노라면 도깨비가 보인다. 네 가지 색의 눈썹을 가진 도깨비, 바람을 이용해 농간을 부리기도 하고 조석으로, 요일별로, 혹은 계절별로 위치를 옮겨 다니는 착각에 빠져들게 한다. 그 허상 같은 조화에 사람들의 마음속에선 활 병에 걸렸다고 이렇게도 해 보고, 저렇게도 해 보고, 온갖 용어를 가져다 치유에 애쓴다. 물론 나 역시 귀가 얇아 이 이야기, 저 이야기 다 듣고도 애가 달아있기는 마찬가지다.

어떡하든 나의 몫이겠지만 극복하고자 하는 문구를 굳이 떠올리면 '바늘귀를 가만히 보면 동굴처럼 커 보이고, 올림픽 사수들이 집중력을 높이려고 더 소란스럽고 더 극한의 곳에서 수련을 한다.'는 이야기가 있다. 여러 우여곡절과 시행착오를 겪고도 극복하기는 쉽지 않은 것 같다. 예전 세대라 대통령 지침에 의해 국민교육헌장이라는 문구를 강제로 외우며 학습을 했던 기억이 있다. 지금 기억이 나는 내용 중 '타고난 저마다의 소질을 계발해서…'어찌어찌하라는 문구다. 타고난 저마다의 소질이 다른데 난 엉뚱한 곳에서 우물을 파고 있는 우를 범하진 않을까 염려된다. 초심으로 돌아가고자 한다.

처음 사대에 섰던 그 마음처럼 내가 있고 도깨비처럼 보이는 과녁이 있고 사이엔 아무것도 없다. 있다면 사람 눈엔 보이지 않지만 누구처럼 우주의 기운을 빌린 내 마음이 화살로 변해 편히 건널 수 있는 오작교(烏鵲橋)만 걸쳐 있다고 생각한다. 생각은 조변석개(朝變夕改)로 변해도 나 자신을 믿고 편안한 마음으로 활을 낼 수 있도록 노력하다 보면 나의 소질도 진일보하지 않을까 생각해 본다. 거리의 차이가 있어도, 활이 달라도, 화살이 달라도, 모든 주어진 상황을 약진의 발판으로 삼으라 했으니, 국민교육헌장에 좋은 말은 다 들어있다는 걸 느끼는 중이다.

이름 없는 접장

활터에서 말석이자 주체다.
언제나 앞에 나서서 일을 하지만
소개에서는 늘 빠지는 존재다.
활을 많이 안다고 자부하지만
막상 아는 것을 표현하긴 과하다.
모임에서 주체가 되라고 접장이라 하나
접장이라 부르면 은근히 섭섭한
그는 접장이다.
그것도 성만 앞세운 접장이다.
O접장

착각

　착각은 자유라고 했지만, 현시대를 살아가며 다양한 착각 속에 빠져 있다고 본다. 예를 들자면 선생은 모든 것을 다 알 거라는 착각, 제복에 따라 다르지만 프라이드가 있는 경찰은 정의롭다는 착각, 군인은 강인하다는 착각, 간호사는 백의천사라는 착각, 도둑은 자기만의 이익을 챙긴다는 착각 등 이외 열거할 것들이 너무 많다. 그러나 막상 들여다보면 그렇지 않은 경우가 있다.

　사진가 중에 '랄프 깁슨'이란 사람이 있는데 깊이 설명하기보단 한 장의 사진에 이중의 표현 즉, 두 가지의 이미지를 동시에 나타나게 한 것으로 유명하다. 보이는 것과 보이지 않는 이면이다. 조금은 다르지만 활터에서도 비슷한 상황이 매일 일어난다. 연습하고 고민했으니, 오늘은 더 잘되겠지, 자세를 바꾸었으니 더 잘 될거야, 활을 바꾸었으니 혹은 화살을 바꾸었으니 이젠 고민 끝 새로운 시작이다. 각자의 다른 신체 구조나 사용하는 근육의 양이 다름은 생각지 않고 선의로 조언하는 사법이나 자세 논쟁은 늘 새로운 희망이라는 착각을 불러온다.

나 역시 착각 속에 활터를 다닌 것만 같다. 국궁은 자연과 더불어 세상 모든 잡사를 잊고 무아의 경지에서 과녁에 화살을 적중시키는 건강을 위한 운동이고 정서 함양과 인격 수양 그리고 정신 수양에 도움이 되는 운동이라고 배웠고 또 그렇게 강변한 바 있다. 그러나 주위에다 땀 흘리는 신체운동이라는 말을 안 한 게 어찌나 다행인지 모른다. 누구는 살치러(쏜 화살을 챙기러) 과녁까지 145m를 왕복하다 보면 운동이 되고 만작을 해 과녁을 바라보면 허리 운동도 되고 여러 가지 종합 운동이 된다고들 이야기한다. 그러나 개인적인 생각이지만 이게 운동도 아닌 것이 운동인 양 해서 끝나곤 푸짐한 음식에 술 한잔하고 해서인지 활을 낸 지 잠깐이지만 살만 쪘다. 엄청난 착각인 것이다.

오늘도 비가 오니 활을 낸 후 삼겹살에 쐬주가 딱 인데. 허! 우짜지 이를…

▲ 허상 | 강병두

결론은 버킹검

　무엇인가를 배우고 익히는 과정은 이론을 접하고 실전에 들어가는 것이 보통이라고 기억한다. 어릴 적 학교에서부터 배워온 수순이었기에 늘 기억의 순리를 따르는 편이다. 그러나 체육은 달랐던 것 같다. 움직임이 민감한 아이를 보고선 실전 테스트를 하고 감각을 익히는 과정을 거친 후 이론을 주입하는 혹은, 이해하는 과정을 거쳤던 것 같다. 나 역시도 운동에서 몸이 먼저였고 이론은 추후 정리하는 차원이거나 이해의 과정이었던 것 같다.

　지금 내가 즐기는 국궁이 그렇다. 즐기고 기쁨을 찾고자 해서 시작했으나 하나씩 알아가는 과정을 거치며 어려워진다. 이론을 알고자 선배를 찾아 배움을 청한 적도 있고 세미나를 찾아다니고 책도 찾아보고 인터넷상에 떠도는 글도 참고삼아 읽어보았다. 알아갈수록 다양한 방법이 있음을 인정 안 하고 개인 주장들만 난무하는 경향이 있어 거부감이 드는 것 또한 사실이다.

학창 시절 유행하던 광고 문구 중에 '결론은 버킹검'이란 말이 있다. 지금은 없어진 대구의 한 회사에서 나온 신사복 브랜드가 '버킹검'이었다. 양복을 재단 해서 입던 시기가 지나고 기성품이 이곳저곳에서 생산되어 나왔는데, 모두가 신사복을 사서 입지만 자기 회사가 제일이라는 뜻으로 사용한 것이 '결론은 버킹검'이었다. 다양한 주장들이 활터에서 난무하고 사정(射亭)마다 갑론을박으로 말들이 오고 가지만 꾸준히 자기 주관대로 하면서 그냥 즐기면 되지 않을까? 하는 생각이 '결론은 버킹검'이라는 생각이다.

새해 벽두에 고민하다가 끄적거려 본다.

영락의 사계

옅은 초록의 푸르름

짙은 초록의 뜨거움

옅은 황토의 풍요함

하얀 순백의 차가움

살구나무 과실을 따고

호두의 딱딱함을 깨고

밤의 달콤함을 줍고

고개 들어 날아가는

무형의 살 궤적을 본다.

2

활을 배운다, 인생을 배운다

각궁

숨을 쉰다고 한다.

살아있다고도 한다.

산 것은 교감이 쉽지 않다.

그래서 늘 조심스럽다.

너를 몰라서

1단에서 9단까지 별칭에 대한 소고 小故

1단의 별칭은 입궁(入弓)이다. 배우기 시작해 좀 솜씨가 나오면 남에게 보이고자 하는 욕구가 나온다. 마지못해하는 척, 승단제도에 입문하는 것이다.

2단의 별칭은 지궁(智弓)이다. 기본기도 갖추고 내실을 다지며 슬기롭고 효과적인 방법을 찾는 시기다.

3단의 별칭은 활궁(活弓)이다. 내임*에 자신이 있어 지속적으로 확인을 하고 싶은 단계다. 매번 자신이 넘친다.

4단의 별칭은 교궁(巧弓)이다. 재주와 기교를 넣을 수 있는 단계로 다양한 활을 선택하고 교류와 시합을 통해 알리고자 하는 시기다.

5단의 별칭은 도궁(道弓)이다. 각궁의 길을 찾고 지켜야 함을 아는 단계다. 큰 도약을 위해 하나를 버리는 선택의 결과다.

6단의 별칭은 유궁(有弓)이다. 궁을 받아들이는 품이 넓은 단계다.

7단의 별칭은 체궁(體弓)이다. 활터에 서면 주위를 돌아보고 평심을 유지해 이끄는 단계다.

8단의 별칭은 조궁(照弓)이다. 사물과 사람 그리고 자연이 보이는 단계다.

9단의 별칭은 신궁(神弓)이다. 신의 경지에 섰고 활 내임의 허무까지 초월했다.

필자가 생각하기에 이 정도를 봐야 하지 않을까 하는 표현일 뿐이다. 입궁에서 신궁까지 가는 내임에서 별칭 단계를 거슬러 오르는 사람과 또 그에 따르지 못하는 궁수들이 많다는 사실은 굳이 말하지 않아도 알 것이니 스스로 배움의 생각과 내임을 갖추고 즐기는 활이 제일 좋을 것 같다.

* 내임 : 쏘임

명궁

활을 잘 쏘는 사람을 말한다.

내면도 비추어 말한다.

속을 보지 못하니 대신 패를 주기로 했다.

내면을 숨기고 패를 앞에 낸다.

존중은 사라지고 패가 명궁이다.

패를 받으러 몰려다닌다.

패를 받곤 겸손이 사라진다.

패(牌)가 패(敗)했다.

존중도 사라졌다.

▲ 활(카본궁) | 강병두

道 도

마땅히 지켜야 할 이치며 길이다.

이치에 따라 길을 걸으면 편하다.

선 궁(弓)을 가지고 도(道)를 추구하려니 힘들다.

궁과 도는 해석이 다른데,

맞추려니 더 힘들다.

짐의 무게는 내려놓으면 쉬운데,

가진 것을 놓기가 쉽지가 않다.

내려야 들 수 있다는 것을,

비워야 채워진다는 것을,

아는데 이해하기가 너무 어렵다.

배려

정방형 80센티미터 공간을 차지하고 일곱 사수가 섰다.
순서에 따라 한 발씩 화살을 메긴다.
집중을 요하는 동작이라 작은 기척에도 생채기가 있다.
한 발쯤은 물러나 기다려 주는 배려가 있으면 좋겠다.
지도하는 사람이 그러면 안 된다고 하니 난감하다.
시합이니 상대를 눌러야 내가 산다니 할 말은 없다.
그래서 상대의 신경을 거슬리게 할 필요가 있단다.
궁도는 이기는 것이 아니라 예를 중시하라 배웠다.
내가 중요하면 남도 중요함을 알았으면 좋겠다.
사대에서는 남을 위한 배려가 필요하다.
승부를 강조하기보다 올바름을 먼저 지도했으면 좋겠다.

▲ 길 | 강병두

일시천금
一矢千金

    화살 하나가 천금의 가치를 가진다는 뜻으로 일시의 무게감을 이야기하지만, 종례는 아주 뛰어난 궁수를 말한다. 일자천금(一字千金)에서 유래한 것으로 추정하며 진나라 양책 출신의 '여불위(呂不韋)'가 있다. 전국시대를 대표하는 거상으로 여러 곳을 왕래하며 물건을 싸게 사서 비싸게 팔아 천금의 부를 쌓은 사람이었다. 여러 과정을 거쳐 진나라의 승상 지위까지 오른 여불위는 선비들을 대우하고 빈객들을 끌어들이니 빈객이 3천 명이나 되었다. 당시 제후들의 나라에는 변사가 많았는데 순경의 문하 사람들의 경우는 책을 저술하여 천하에 널리 알려졌다.

    여불위는 빈객들에게 각각 견문을 저술케 하고 그들이 쓴 것을 집대성하여 팔람(八覽), 육론(六論), 십이기(十二紀) 등 20여만 자로 된 책을 만들었다. 여불위는 이 책이 천지 만물과 고금의 일들을 모두 망라했다고 여겨 그 이름을 《여씨춘추(呂氏春秋)》라고 하였다. 그는 이 책을 도성인 함양(咸陽)의 성문에 진열하고 그 위에 천금의 상금을 걸고 제후국의 유사와 빈객이 와서 한 자라도 증감할 수 있으면 천금을 주겠다고 했다.

이 이야기는 〈사기(史記) 여불위열전(呂不韋列傳)〉에 나오는데 한 자라도 더하거나 덜 수 있으면 천금을 주겠다는 말에서 '일자천금'이 유래했다. 당시에는 여불위의 권세가 두려워 이 책의 잘못된 부분을 발견했다고 나선 사람이 하나도 없었는데 동한(東漢)시대에 '고유(高誘)'라는 사람이 11곳의 잘못된 부분을 발견했다고 한다. 이 말이 지금은 활터에서는 '일시천금'으로 통하는 것으로 추정한다.

일시만시
一矢萬矢

 국궁을 배움에 있어 듣는 집궁시 제원칙(執弓時 諸原則)이라는 활을 잘 내기 위한 암묵적 지도 계시론이 있다. 주위를 잘 살펴 인지하고 자신의 몸가짐을 다진 후 아래로부터는 안정된 자세를 취하고 가슴을 비우고 단전에 힘을 실어 만작이란 용어에 맞게 내가 활이 되고 활은 내가 되듯이 나로 인해 가는 궁시는 가는 듯, 아니 가는 듯 가게 만드는 완벽 그 자체를 추구한다. 그리고 또 자신의 행위를 돌아본다. 좋은 말은 다 포함되어 있다. 필자도 좋은 뜻으로 이해하고 있다. 다만 궁시를 가게 만드는 행위는 조금씩 다르지 않을까 하는 고민에서 이런저런 생각을 하게 된다.

 승단 시합에서 비슷한 과정을 거쳤단 연으로 친분을 다진

청송의 문OO 접장이 있다. 교류 활도 내어 봤고 같이 술잔도 기울여 본 터이지만 활에 대한 애정은 나보단 한참이나 위에 있단 생각이다. 활에 대한 자신만의 신념이 확고한 사우다. 일전 대화 끝에 내가 '이래저래 즐기는 활이 제일 아니겠습니까?' 하고 마무리한 적이 있었다. 그것이 마음에 걸렸던지 오늘 대화 말미엔 '즐기는 것도 좋지만 정확히 즐기는 게 더 좋지 않을까요?'라고 마무리한다. 통화 후 정확히는 어떤 의미일까? 생각해 본다. 정확을 요구하는 용어는 비정비팔, 발여호미, 온깍지, 반깍지, 양궁사법, 국궁사법 등 너무 다양하다.

웃기는 비유를 하나 끌어다 붙이자면 '육룡이 나르샤'란 드라마를 보면 무술 고수인 무휼의 스승이자 동방 쌍룡 24수의 대가 홍대홍은 고수인 듯 아닌 듯 애매한 인물이다. 아무리 봐도 본인이 고수는 아닌 것 같은데 제자를 고수의 반열에 올려놓은 인물이니 잘 지도해서 잘하는 것인지 잘하니 잘 지도한 것인지 연구 대상이다. 접장은 나에게 활에서 안 맞는 이유가 만 가지가 넘는다고 했다. 활과 화살을 포함한 도구에서 원인을 찾고 발에서 머리까지 몸에서 이유를 찾고 이론을 포함한 마음에서 병을 찾아보지만 제대로 아는 사람이 몇이나 될까? 원인, 이유, 병을 찾아도 해결하는 방법이 다 다르니 정리가 안 된다.

▲ 그리움 | 강병두

영화 '취화선'을 보면 오원 장승업이 술에 취해 '일획이 만 획이요! 만 획이 일획이다.'라고 외치는 장면이 있다. 이는 청나라 초기 스님이자 화가인 '석도'가 한 말로 그만큼의 부단한 노력을 강조한 것이 아닐까? 생각한다. 홍대홍 또한 제자에게 무한한 노력을 강조했으니 뭐 틀린 말은 아니라고 생각한다. 나도 활 쏘임이 만 번을 넘어서면 조금이나마 이해하려나 모르겠다. 근데 또 이게 하루에 만 번인지? 일 년에 만 번인지? 또 누구에게 물어봐야 하나! 허~~~

촉
각

보낸 화살의 적중 여부를 내가 판단하는 시간은 0.5초

시위를 벗어난 화살이 과녁에 도달하는 시간은 2.5초

심판이 판정을 내리는 시간은 3.0초

모두 5초 안에 결정 난다.

5초까지 몸으로 조정하려는 사람은 늦다.

폐해

활쏘기에 차이는 없다.
어느 순간 궁도가 되고
단체가 만들어지더니
단이 생기고 격이 생긴다.
누가 더 높은가, 도토리가 되어
서로 평가하고
자기를 알아주길 바란다.
주변에서 인사차 건네는 덕담이
더 병들게 만든다.
대동소이(大同小異)가 괜한 말이 아니다.
높이 갔다고 생각할 때
낮았을 때를 기억해야 한다.
처음을 기억해야 한다.

버리는 과정

도를 얻는 것이라 하지만

버리는 과정이다.

애써 준비한 화살을 보내는 것이

그렇고

애써 모은 기를 보내는 것이

그렇다.

얻는 게 버린 후에야 가능하다니

버리는 과정이 맞다.

▲ 풀의 이면 | 강병두

각궁위진
角弓爲眞 *

　　각궁은 대나무, 참나무, 산뽕나무, 쇠심줄, 물소뿔, 민어 부레풀로 구성된 합성궁의 한 종류다. 힘이 약한 사람이라도 일정한 위력을 확보할 수 있고 장력이 적어 조준이 흐트러지지 않아 복합궁이나 목궁에 비해 첨단으로 여겨진다. 그러나 만작* 시 양손의 거리가 극단적으로 멀어 조준의 정확도에 애로가 있고 기후와 습도에 따라 달라지는 특성도 있다.

　　또한 제작 과정에 따라 활의 형태가 조금씩 다른 모습을 보인다. 나무의 특성, 재료의 함량 등 변수가 많다. 또한 이것은 또 사수(射手) 개인이 재현하는 운동력이 기물과 만나 나타나기에 그 형상은 다 다르게 보인다. 규정할 수 없는 자아의 발현이라 생각한다.

예로부터 '활을 쏜다.'라는 표현보다 '활을 낸다.'라는 말이 있다. 이는 과녁 맞춤을 중시하기보다는 과녁을 향해 화살을 보내기까지의 과정을 보려 함이 아닌가 생각한다. 그 과정에서 사람이 가늠할 수 없는 하늘의 기운과 연결되기도 하고 자신의 뿌리인 땅의 맥과 이어주기도 한다. 심오한 철학의 갈래다.

이렇듯 각궁을 내는 행위를 통해 나를 치유하는 역할을 한다. 사대에서 만작을 통한 무아지경은 세파에 찌든 고뇌를 씻겨내는 데 도움이 되며 그 과정이 자존감의 상승이라 믿는다. 자세는 아름답고 부드러워야 하며 물아일체(物我一體)*가 되어야 좋다.

끊임없이 자신의 모습을 변화시키는 연공의 반복이며 정점에 도달하지 못했다고 할지라도 한시 한시*가 인고의 시간을 필요로 하는 것처럼 그렇게 이어지는 것이 궁도다. 사대에도 눈에 보이지 않는 세계가 있다. 그것을 찾아내는 데 필요한 것이 도가 아닌가 한다.

---

* 각궁위진 : 각궁의 진실.
* 만작 : 현(줄)을 당길 때 바르게 더도, 덜도 아니게 끌린 상태.
* 물아일체 : 자아와 외부세계가 하나가 되어 경계가 사라진 상태.
* 한시 : 하나의 화살.

내·외의 완벽한 조화가 만작이리라!

滿作

　활을 내는 행위는 내적 요인과 외적 요인 두 가지로 나뉜다. 내면으로는 최고의 집중력을 요구해 마음을 다스리며 외면으로는 체력을 바탕으로 하는 운동의 범주로 이원화다. 서로 다른 두 가지로 조화를 이루자니 난감할 것이다. 도를 구하는 행위는 혼자 조용히 해야지 더불어 할 수 없는 일이고 체력이 바탕인 운동은 혼자 혹은 더불어도 할 수가 있다. 흔히 운동 장소로 생각하는 활터의 일상은 자유로운 분위기에 활기찬 모습이 될 것이리라 생각하기 쉽다. 그러나 내면을 들여다보면 위 두 가지의 요인이 한 장소에서 발생하면 서로에게는 상극이 되는 소재가 된다. 누구는 내적인 조용한 도를 추구하고 싶고, 누구는 외적 요인의 활기찬 운동을 원하는 것이다.

일전 국궁 카페에서 읽은 글 중에 동진(動進)에서 활을 내고 동퇴(動退)에 물러서면서 '모두들 수고하셨습니다.'라고 인사를 하는 것이 문제가 된다는 이야기를 듣기도, 읽기도 한 적이 있다. 이것이 습사무언(習射無言)에 어긋난다는 뜻을 피력하는 것이다. 아무리 생각해도 답을 찾기가 어려웠다. 내적 요인인 도를 추구하는 측면에서는 습사무언이 맞다. 그러나 상호 간의 예의범절을 앞세운다면 인사를 한 사우의 예는 맞을 것이다. 그렇다면 현장에서 둘 다 틀리지 않다고 해도 될까? 이러한 것이 분쟁의 원인이 되는 것을 무수히 많이 보았다. 사소하다고 생각하지만 서로의 감정이 부딪히게 되니 주로 목소리 큰 사람이 이기는 상황이다.

인애덕행(仁愛德行), 성실겸손(誠實謙遜), 자중절조(自重節操), 예의엄수(禮儀嚴守), 염직과감(廉直果敢), 습사무언(習射無言), 정심정기(正心正己), 불원승자(不怨勝者), 막만타궁(莫灣他弓)이라는 내적 수양을 요구하는 '궁도 9계훈'이 있다. 이를 돌에다, 혹은 전광판이나 현수막을 이용해 사수들이 안 볼 수 없는 위치에다 적어 놓고는 실천하라고 유도한다. 필자가 보기엔 궁도를 할 때 자신의 중심을 잡으라는 뜻이지 남에게 계도를 하라는 뜻은 아니라고 생각한다. 사대에 서면 내면의 도는 개인의 차이로 남겨두고 선찰지형 후관풍세(先察地形 後

▲ 느린 바다 | 강병두

觀風勢), 비정비팔 흉허복실(非丁非八 胸虛腹實), 전추태산 후악호미(前推泰山 後握虎尾), 발이부중 반구제기(發而不中 反求諸己)라는 외적 요인이 강조된 '집궁시제원칙'이 먼저일 것 같다.

 조용한 궁방이나 사무실에서 9계훈을 읽고 마음에 새겨 도를 추구하시고 운동하는 사대에서는 운동만 전념하게 해주면 좋겠다. 운동 중에 뭔 글을 그리도 많이 보게 적어두는지 궁금하다. 또 쓸데없는 생각 한다는 소리가 두렵다.

승단시험

며칠을 뒤척이며 마음을 다잡고 준비한 날

연습량은 차고 넘친다고 생각하지만

오늘 봄 상태와 마음가짐이 중요하다.

하늘을 보니 태양도 나를 향해 미소 짓는 거 같고

구름도 나를 따라 유유자적

오늘은 내가 주연일 것만 같다.

수많은 궁사*들 사이에서 기다림이 시작되고

발시*와 동시에 태양과 구름이 등을 돌리는 느낌이다.

하나둘 떠나고 남은 시간에

멍하니 과녁을 보곤 마음을 다잡는다.

심판의 마지막 말 '수고하셨습니다.*'와 '축하드립니다.*'

내가 떠날 수도, 웃을 수도 있는 상황

마지막에 웃는 자가 승자다.

* 궁사 : 활을 쏘는 사람
* 발시 : 화살을 보내는 시점
* 수고하셨습니다 : 탈락
* 축하드립니다 : 합격

2024년 도민체전 해단식 후

어느 시인의 말처럼 잔치는 끝났습니다. 다양한 사람이 살아가는 세상에서 활을 좋아한다는 이유 하나로 만나 일 년의 사 분의 일인 분기의 시간을 같이 보냈습니다. 사람마다 추구하는 것이 다르고 결이 같을 수는 없지만 활을 들고 섰을 때 같은 지향점인 과녁을 향한다는 데는 이의가 없을 것입니다.

아마도 대표선수분들이 한 걸음 더 딛고 서는 성찰을 했으리라 믿으며 나 자신을 돌아보는 계기가 되었던 도민체전 참가를 정리합니다. 지원해 주시며 이끌어주신 협회장님과 임원들, 회원들의 일이었기에 조용히 뒤를 지키고 서신 사두님과 사범님, 같이 동고동락해 준 선수 선배 여러분, 그리고 혹여 방해라도 될세라 조용하게, 그러나 열정적으로 응원을 해 준 영락정 사우 여러분들 모두 고맙습니다.

혹자는 그날의 컨디션이 영향을 주기도 하고 자신의 쏨 새가 활 내임의 영향을 준다고들 합니다. 내면의 컨디션이야 알 턱이 없고 외면의 쏨 새를 가다듬는데 또 시간이 투자될 듯합니다. 이 외에 다양한 것이 있겠지만 이제부터 또 새로운 궁금점을 해소하는데 시간을 투자하리라 생각합니다.

고민 후 행동을 통해 개선이 있고 변화가 있겠지만 즐기는 가운데 성취감을 가져야 한다고 생각합니다. 모든 것을 즐기며, 꾸준히 하다 보면 나도 모르게 바뀌어 있으리라 생각합니다. 지켜봐 주신 사우 여러분 그리고 해단식을 했으니 선수였던 여러분 고맙습니다. 수고하셨습니다.

▲ 화살 | 강병두

알면서 당하는 맛!

알면서 당하는 맛을 아는지

내 왼쪽 팔뚝이 그렇고

내 오른쪽 뺨이 그렇다.

오른쪽 검지가 부어오르고

왼쪽 검지엔 생채기가 난다.

활을 통해 도를 추구하는 대가려니 생각하지만

알면서 당하니 너무 억울하고 부끄럽다.

무기인 활을 만지다 보면 몸에 여러 생채기가 난다.

마음에 남는 상처는 더하다.

영락정 현판의 내력

현판은 공간의 이름표이자 장소의 역사를 오랫동안 바라보았던 증인이다. 장소의 상징성을 축약하기도 하고 시대의 문화와 공간을 배려해서 가장 합의적으로 만든다. 초창기 강변의 영락(永洛) 또한 마찬가지이리라 생각한다. 영락정은 서너 차례의 이건과 우여곡절을 겪은 끝에 2010년 산 능선을 절개하여 조성한 상아동에 둥지를 틀게 된다.

당시 안동시장 재임인 김휘동님께서는 영락정이 와룡면과 인접해 있는 곳이기도 하고 당시 와룡초등학교 교장 출신 선생인 초석(初石) 권재도님께서 왕성한 활동으로 학생들이나 일반 시민들을 위한 서예 강좌를 열어 후인들의 문화 활동에 이바지하는 공을 높이 사 현판 글씨 써주기를 부탁하였다 한다.

다른 유명세를 타는 서예가들이 많았으나 인과 연을 내세워 글을 부탁했다고 하니 우리 정의 간판이 어떤 연유로 만들어진 것인지 알아두는 것도 좋으리라 생각해 기록한다. 우연히 초석 선생을 만나 이야기를 들었으며 수고비 문제는 궁금했지만 예의상 묻지 못하였다.

지난 영락정의 흔적을 찾아서…

지난 역사를 더듬어 찾아보는 것은 내가 속한 영락정의 뿌리를 찾아보는 소중한 일이다. 매서운 한파가 찾아와 동장군과 무언의 씨름을 하던 차에 찾아온 반가운 손이 있다. 활 입문에서는 까마득한 선배이나 연배가 낮아 반존칭을 섞어 쓰는 사이다. 차 한 잔을 두고 이런저런 이야기 중에 지난 역사를 기록하고 옛 영락정에서 활을 내던 시기의 흔적을 찾아 기록해 놓으면 좋지 않겠냐고 제의하며 영락정이 영호루 옆에 자리했던 흔적을 찾아가 보지 않겠느냐고 해서 바로 실행에 옮긴다.

영락정은 1940년, 구 안동터미널 자리에 있다가 안동읍 천리동에 활터를 마련하여 배인직, 권오철 등 8명의 회원이 모여 국궁을 시작하였다. 6·25전쟁 이후 안동시 남쪽의 낙동강 가로 활터를 이전했다가 다시 1965년에 낙동강 강북 백사장으로 이전했다. 1971년, 김제선, 도한복, 권휘장, 이동진, 정승오, 김상준이 영락정 건립추진위원회를 구성해 안동시장 외 80여 명이 기금을 모아 그해 9월에 영호루와 충혼탑 사이에 영락정을 건립해 사용했었다. 이후, 2006년에 정상 택지 진입도로 확장공사로 인해 현재의 탈춤 축제장 앞 강변 둔치에 활터를 마련했다. 2010년 4대강 사업의 여파인 시민 생활체육 도보 구간 신설과 활터와의 안전이 대립하는 관계로 이전이 불가피해 새로운 땅 부지를 확보해서 현재의 자리에 영락정(안동시 북순환로 138)을 개관했다.

같이 영락정의 역사를 기록해 보자는 박해창 접장의 제의에 우선 우리가 흔히 부르는 영호루 시절의 영락정 활터의 흔적을 찾아 나선다. 안동시 정하동 망암정 앞에 차를 세우고 몇 채의 집을 지나 동산을 오른다. 능선에 올라서니 안동시 종합운동장이 남향으로 보이는 지점에 있다. 이리저리 거리를 가늠하며 앞장서는 박 접장이 능선 하나를 더 넘어서는 순간 슬레이트와 블록으로 지은 작은 움막 하나가 쓰러질 듯이 서 있는 고전이 있었다. 장정 두엇이 쪼그리고 앉으면 이내 불편함을 느낄 정도의 크기다. 안에는 색 바래 구분이 안 되고 해어진 천 조각기가 두어 개 방치되어 있고 입구에는 자전거 바퀴를 재활용한 운시대가 녹슨 채 방치되어 세워져 있다.

　20여 미터정도 비켜선 후방엔 방치되어 누워있는 과녁이 두 개 있는데, 박 접장이 강조하는 점은 홍심 위의 눈썹 부위가 붉은색이라는 것이다. 이는 예로부터 장군급이 활을 내는 곳이면 검은색으로 하지 않고 붉은색으로 한다고 이야기를 들었다고 한다. 지금 붉은색을 확인하는 순간이다. 나중에 근거자료를 찾아봐야지 하고 생각한다. 이번 답사에서 중요한 점은 14대~21대(1983~1990) 사두였던 조대인님의 운시대 제작 기증 기록(1983.8.10. 조대인 증)을 발견한 점이다. 당시 시대상을 상상할 수 있듯이 시멘트로 된 사각 운시대 기둥 판에 나뭇가지나 둔탁한 공구로 휘갈겨 쓴 문구가 세월의 흐름에도 선명하게 남아 있어 좋았다.

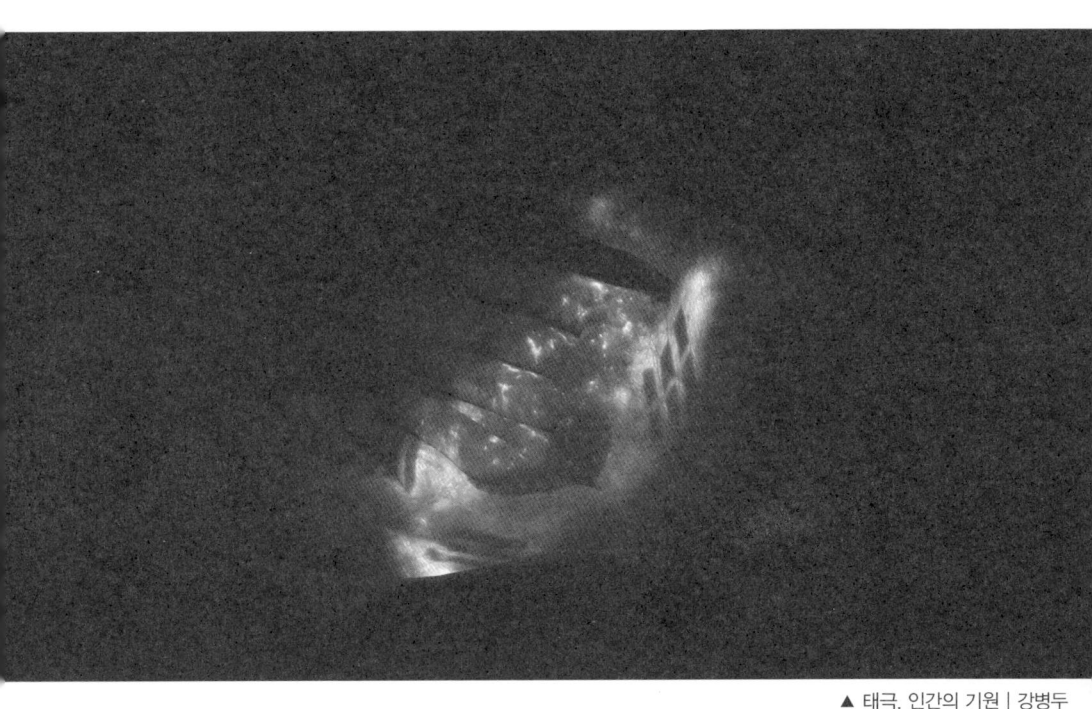

▲ 태극, 인간의 기원 | 강병두

전추태산 발여호미
前推泰山 發如虎尾

앞엔 태산처럼 무게를 두고, 시위는 호랑이 꼬리처럼 말아 쏘라.

활을 소재로 한 영화는 동서양을 막론하고 많이들 알려져 있다. 아픈 역사인 병자호란 시기를 배경으로 하며 신궁처럼 활을 잘 내는 주인공이 나오는 영화가 있다. 연습을 실전처럼 하지만 효율적인 궁술을 위해 고뇌하는 장면의 대사 중 '바람은 계산하는 것이 아니라 극복하는 것이다. 앞엔 태산처럼 무게를 두고 시위는 호랑이 꼬리처럼 말아 쏘라.'라는 공명의 소리가 신궁의 마음을 장악하는 장면이 생각난다.

활을 통해 여름은 물론 계절을 이기고 자신을 단련시키는 사람들이 영락정(永洛亭)에 모여 있다. 사대에서 과녁까지는 145미터, 우뚝 서 가만히 앞을 보고 있으면 자신이 보인다고도 한다. 시위를 떠난 살이 바람을 가르며 내는 소리는 더할 나위 없이 상쾌하다. 마음을 잡고 자신을 세우는 것이다. 날아가는 살처럼 빠른 세월을 잡을 수는 없겠지만 사대 위에 가만히 서 과녁을 응시하면서 자신을 찾아보면 어떨까? 하는 생각이 든다.

* 첨언 : 대한궁도협회에서는 발여후악호미(發如後握虎尾)에서 유래한 것이 발여호미(發如虎尾)가 되었다가 후악호미(後握虎尾)로 바꾸었다고 하나 필자는 영화를 예로 들었으므로 내용에 충실한다.

▲ 승무 | 강병두

최소한의 약속

 사회적 약속이란 말은 생각이 다른 여러 사람이 살아가는 데 있어 서로의 공간이나 개인의 공간을 지켜주기 위한 최소한의 약속이 될 것이다. 무겁게 다가가면 법이나 규정, 규칙이 될 것이고 가볍게 하자면 상호 간의 배려나 이해 정도면 무난하리라 본다. 가볍게 시작한 술자리의 말에 밤새 의문에 빠져 있다. 원칙을 지키자는데 이견이 없다. 다만 그 원칙이 어느 순간까지를 말하는 가엔 이견이 있을 수도 있다.

 궁도 9계훈에는 습사무언(習射無言)이라는 훈도가 있다. 사대에서 활을 낼 때는 말하지 않고 침묵을 지켜야 한다는 것이다. 이것은 옆 사람이 활을 내는데, 방해가 되기 때문이다. 그러나 바람의 방향을 묻는다거나, 정보를 주고받는 선에서 필요한 말은 해도 된다고 궁사들 사이에 이해심은 있다고들 한다. 무엇이 원칙일까? 무언과 유언이나 해서는 안 되는 말과 꼭 필요한 말의 기준은? 또 누가 정할까?

각자 다른 삶을 사는데 표현 방법도 다르고 이해력이나 이해심도 또한 다르다. 원칙이 있다는 것도 알고 지켜야 한다는 것도 안다. 무언의 소통이 필요하고 불가피하게 말을 해야 할 일이 생길 경우에는 작은 소리로 필요한 말만 하면 통할까? 안 통할까? 불가피함의 기준은 누가 정할까? 모든 경우의 수를 다 동원해도 누가 나서서 '조용히 하세요!' 한마디면 할 말은 없다. 그럼, 그 말한 사람의 평소 행동을 또 기준으로 삼아 생각해 보게 된다. 즉 이제부턴 내로남불(내가 하면 로맨스, 남이 하면 불륜)이 되는 것이다.

답이 없는 질문이란 것을 안다. 생각이 정리되지 않아 주저리 늘어놓지만, 운동은 자기 극복이다. 자신감 배양이나 마음 단련을 위해 명상이나 사색을 하기도 하지만, 자신감 배양을 위해 시끄러운 곳에서 수련하고자 하는 사우도 있다는 사실을 현실로 받아들였으면 좋겠다. 너무 조용하고 삭막한 분위기를 나는 싫어한다.

활은 활이다

'활은 활이다.'라는 명제를 좋아한다. 활은 처음 짐승을 잡는 수렵에서 시작되었지만 다툼이 일어났을 때 상대를 제압하기 위한 전투에도 사용되었다. 일부 사람들이 물고기나 작은 짐승을 잡기도 하지만 지금은 주로 행사용 혹은 연습이나 심신 수련에 활용된다.

크기에 따라 보자면 장궁(長弓)과 단궁(短弓)으로 구분되고 재료에 따라선 크게 철궁이나 통나무 활(丸木弓)과 복합궁(複合弓) 그리고 카본궁으로 나누어진다. 이 외에 다양한 재료로 만들 수도 있으니 원리는 같은 활이나 효용성에 있어서는 검정이 필요하다.

현재에 와서는 사라져가는 전통의 맥을 잇기 위한 노력이 필요한데 대한궁도협회에서는 보존과 보전을 위해 각궁을 권장하는 실정이다. 여기서 각궁은 복합궁이다. 처음 입문은 카본궁으로 해도 무방하지만 5단 이상의 단수 획득을 위한 경륜(1단에서 9단까지 구분함)이 붙으면 각궁 사용을 강제하게 한다.

물론 공식 행사에서 적용되는 방식이니 비공식으로 행하는 기량 즐기기나 자정에서 하는 행사는 활 구분이 없이 사용해도 무방하다. 양손에 쥔 떡을 가지고 '이 떡이 맞네! 저 떡이 맞네!'를 논할 필요는 없을 것 같다. 즐기기만 하면 좋겠다. 활은 활이다.

3

과녁은 항상 그 자리에 있다

활 배웁니다

　유명한 농구선수를 떠올리자면 외국에선 '마이클 조던'이나 한국에선 '이충희'나 '허재' 등을 떠올리게 된다. 왜 이런 농구선수를 이야기하냐면 코트에서 어느 위치에서든 어느 각도에서든 혹은 주변에서 몸을 이용해 과격하게 방해해도 바스켓을 향해 공을 던지면 아름다운 포물선을 그리며 시원하고 깔끔하게 공이 들어가는 것을 보게 된다.

　나는 활의 고수라면 농구처럼 그래야 한다고 강변을 하는 사람이다. 활이나 농구나 슈팅하는 사람에 의해 포물선을 그리며 목표물을 향해 날아서 가기 때문이다. 사대(활을 쏘는 장소)에 서서 과녁이 145m 거리에 있든, 그보다 조금 짧아도, 조금 멀어도, 서든, 앉든 눈짐작으로 가늠해 모두 맞추던가,

거의 다 맞출 수 있어야 한다고 늘 주위에 강변하고 있다.

    활에서 규칙은 변하지 않는다. 늘 그 자리에 서서 화살을 보내야 하고 과녁 또한 늘 145m 전방에 있다. 주변의 방해 또한 거의 없다. 그러나 화살을 늘 같은 자리에 보내려 하지만 잘 안되는 경우가 많다. 자세에서 원인을 찾기도 하고, 마음에서 원인을 찾기도 하지만 금세 꼭 그럴 필요가 있나 하고 자조하기도 한다. 지지대가 고정되고 탄착점 데이터가 입력된 대포도 포탄이 늘 그 자리에 가진 않으리라 생각하며 위안을 삼긴 하지만 씁쓸하다.

    자세를 바로 하고 마음을 비우고 나를 믿고 즐기면 자세가 달라도, 생각이 많아도 결과가 좋아지지 않을까 하는 고민을 하는 중이다. 주변에서 알고 실행하는 방식과 다르다고 늘 지적은 받지만, 궁극엔 같은 지향점일 거란 믿음이 강하다. 늘 그 자리에서 주어진 방식으로만 행하면 뭔 재미가 있겠는가? 다름을 인정하고 앉고, 서고, 물구나무서도 과녁만 잘 보이고 재미만 있으면 장땡이 아닌가!

    눈 오는 날 겨울 저녁 포진 작업실에서 소주 한잔하다가 오늘도 활 배웁니다.

▲ 야간 습사 | 강병두

이론과 실전

　활을 접하다 보면 여러 신·구사들을 만나게 되는데 귀동냥으로 다양한 이야기를 듣게 된다. 본인들의 전언에 따르자면

'내가 활 쏜 지가 좀 되는데 이제 즐기는 게 제일 임다.'
'맞추면 뭐 합니까? 쏘임(활 쏘는 자세)이 완벽해야지. 어때요. 현(활시위) 소리가 좋지요.'
'마음을 비워야 합니다.'

　이렇듯이 전성기가 지나고 이제는 즐긴다던가? 맞추기보다는 내면의 마음과 외면의 자세를 중요시한다고 하면서 철학적 접근을 내세우는 자기만의 성숙도에 이른 사우가 가끔 있다. 옆에서 가만히 듣고 있자면 안쓰럽다.

과녁 맞춤보다는 활 내는 자체를 중시한다 하고 자세도 중요하지만 보이지 않는 마음가짐을 더 앞세우며 알 듯 모를 듯이 애매한 표정을 지으며 허공을 보면서 이야기하는 접장들이며 이해하는 데 시간이 좀 걸리는 스타일들이다.

모든 운동이 그렇겠지만 도구를 이용하는 운동은 신체를 바탕으로 하는 것에다 도구 하나를 더 해야 하는 새로운 메커니즘과의 접목이 필요하니 계산 방법이 좀 복잡하다. 자신의 몸도 완벽한 통제가 힘들 텐데 몸과 도구와의 소통도 신경 써야 한다는 뜻이다.

그러니 이론적으로 얼마나 더 많은 변수가 생길지를 상상하면 답은 금방이다. 부단한 노력이 필요할 것이고 중요한 것은 사람마다 받아들이는 느낌이 다르고 몸의 반응이 다르다는 데 있지 않을까 생각한다. 이론을 이야기해 줄 수 있고 각성도 줄 수 있지만 느낌을 강요하거나 주입식이나 도제식으로 할 수는 없다는 뜻이다.

몸이 반응하는, 몸이 알아가는 방법을 배우고 익히는 게 중요하지 않을까 생각한다. 시원한 에어컨 밑이라 잡생각이 많아 글 쓰고 얼음 띄운 국수 한 그릇 말아봤다.

활은 쉽다

잘 맞는 사람은 이래저래 해도 맞으니 쉽다.

마음을 비운 이들은 비우고 없으니 쉽다.

고수는 고수니 쉽다고 한다.

안 맞는 사람들은 이래저래 해도 안 맞으니 어렵다.

마음을 비우려니 비울 줄 몰라 어렵다.

하수는 하수라 모르니 어렵다.

쉽다고 생각하는 것이 가장 좋은 방법 같다.

어려움과 잡생각을 떨치고 마음 내키는 대로 하는 것이 쉬울 것 같다.

방법을 찾아 헤매는 것이 아니라 쉽게 생각하고 마음이 동하는 대로 움직이는 게 쉬운 거 같다.

활은 쉽다.

그래서 나도 쉽다고 생각하고 간다.

아! 몰따!.

▲ 영락정 겨울 전경 | 강병두

협
協業
(업)

나를 낮춘다.

상대를 존중한다.

양보를 실천한다.

나와 활과의 관계, 나와 자연과의 관계, 나와 사람과의 관계 등

모든 것이 협업이다.

바라는 바를 이룰 수도 있으나

바라는 바를 못 이룰 수도 있다.

실천하면 평안이 찾아온다.

그것이 협업이다.

화살이 과녁에 맞지 않는 이유

활터에서 내려오는 불문의 질문과 답에는

'화살이 과녁에 맞지 않는 이유는?'

'만 가지가 넘는다.'가 있다.

활과 화살에서 찾자면 구성품 수만 해도

나와 과녁 사이에서 찾자면 무아의 연결고리

인체에서 찾자면 몸의 민감함에

주변 환경에서 보자면 서로의 관계에서

합하면 만 가지가 넘는 게 맞다.

▲ 풀 | 강병두

정중동
靜中動

　국궁은 정적인 운동이다. 그러나 한 시도 멈춰진 시간은 없었던 것 같다. 순간순간 숨을 쉬며 머리로, 몸으로 계산이 오가는 찰나가 많다. 흐르는 강물은 변화가 없어도 내면에선 무수히 많은 움직임이 상존한다. 물 위의 오리가 미동이 없어 보여도 수면 밑의 발은 바삐 움직이는 것처럼, 뿌리 깊은 나무가 미동도 없이 서 있는 것 같지만 미세한 바람에 가지들은 흔들림이 많은 것처럼 조용한 가운데 무수히 많은 변화가 있다.

　국궁은 정중동(靜中動)이다.

활을 위한 서사 敍事

　영락정(永洛亭)이라 불리는 안동시궁도장에 입장하여 이층으로 오르면 '정간(正間)'이라 적힌 액자를 향해 목례를 한다. 정에서의 훈도와 같은 의례라 생각하면 된다. 궁방의 점화장(활을 적정 온도에서 보관하는 곳)에서 각궁을 내어놓고 커피믹스 한 잔을 탄다. 이는 내어놓은 각궁을 식히는 데 10여 분의 시간이 필요해 기다리는 여유다. 이때가 사우들과 인사 후 안부를 건네거나 잡담을 나누는 시간이다. 물론 활에 대한 각자의 애로점이나 개선점 등을 나누기도 한다. 이후 각궁을 올리기(대나무로 만들어진 활을 사용하기 위해 온도를 주어 점검, 장착하는 것) 위해 궁방에서 혼자만의 씨름을 한다. 모두가 활을 사랑한다는 전제하에 애착의 정도와 상관이 없이 개인의 성향에 따라 오랜 공을 들이는 사람이 있을 것이고 나처럼 짧은 공을 들이는 사람도 있다.

활을 올려 화살을 준비한 다음은 징과 종을 이용해 같이 사대에 나갈 사람을 청한다. 동진동퇴(同進同退) 시에 서로의 휴식을 갖는 시간 차가 달라 지금은 잘 사용하지 않고 타이머를 눌러 5분, 10분, 15분 등 명확함을 요구하고 있다. 느낌으로 하는 정감이 없어졌다는 부류와 정확한 타이머를 사용하니 누구도 이의를 걸지 않는다는 부류가 나뉘어 지금도 가끔은 구설에 오르고 있다. 나란히 선 사우들이지만 좌측부터 순서에 의해 활을 내니(쏘는 행위) 각자가 보고, 그리고, 생각하는 게 다를 것이다. 사대에 서서 과녁을 보고 좌측엔 태극기, 우측엔 언덕 위의 소나무를 본다. 그리곤 풍향기를 보며 바람을 읽는다. 내 순서가 오기 전까지 과녁에 불이 들어오는 관중 신호에 리듬을 탄다. 내 차례에선 불이 들어오면 좋은데, 안 들어와도 비중을 두지 않는다.

활 거궁(擧弓)에서 왼팔의 중구미*를 엎어 태산을 밀고 오른 엄지손가락 각지의 호랑이 꼬리 당기는 느낌이 충만한 만작을 하고 화살을 보내기까지는 거의 찰나지만 머리에서는 순서가 그려진다. 불이 들어오는 신호가 와도 무덤덤하게 표현이 없다. 이것은 같은 사대에 선 동료를 위하고 나 자신을 위한 배려다. 동료와 같이 선 사대지만 혼자 무아의 장막에 빠져 어둠과 밝음, 적막과 소란 가운데 관중 불빛 신호를 받는다는 것은 나로부터 일어나는 활을 위한 서사일 뿐이다. 그리곤 역순으로 정에서 물러난다.

* 중구미 : 활을 잡은 팔의 팔꿈치

▲ 월영교 | 강병두

格격

    국궁에도 승단(昇段)제도가 있다는 사실을 입문 후 처음 알고 피식 웃은 기억이 있다. 선사 이후 수렵에서 출발해 심신 수련으로 변화 과정을 거치며 전통 무예라는 기치 아래 정서 함양, 인격 수양, 정신 수양에 도움이 되는 운동이라고 이야기 들은 바가 있어 여기에 수양과는 차원이 다른 경쟁의 기준인 승단제도가 있다는 것이 의아했던 것이다. 이후 일제 강점기를 거치며 근대 생활체육의 일환으로 자리하기까지의 과정을 알고 이해의 폭이 많이 넓어졌다고 생각하며 이건 옳고, 그름의 문제가 아닌 변화하는 과정에서 생긴 제도의 하나라고 이해했다.

    타 운동단체에선 4단부터 완숙미*에 드는 것을 의미해 지도자 연수와 사범 연수의 자격이 주어지는 것으로 알고 있다.

그리고 그들은 협회의 양해하에 배운 기량에다 자기만의 교육법으로 제자나 문하생을 길러낼 수 있다. 국궁 또한 비슷하지만 단의 제약은 없고 자격이나 경륜이 인정되면 정에서 임명하는 것이다. 사범과 신사인 교육생과의 만남은 선택이 아닌 정에서 지정한다는 게 다르다. 사범 역시 정에 속한 회원이니 알려주는 혹은, 배우는 사우와 같은 동료관계다. 그러니 사제의 관계보다는 활을 내기 위한 안내자 역할에 가깝다고 필자는 생각한다.

연후에 자신만의 쏘임의 이치를 터득하기 위해 무한 노력을 기울여야 내임(활쏘기)의 반상에 오를 수가 있다. 여기엔 수많은 기술적 기교나 철학적인 사고와 표현이 들어가 있음은 두말할 나위가 없다. 이 과정에서 배움을 찾아 자청 스승의 연을 맺을 수도 있고 선배 동호인의 격으로 가르침을 청할 수도 있다. 이것은 생활체육을 넘어선 도를 알기 위한 과정이다. 품격은 수치로 알 수가 없다. 또한 호칭으로도 알지 못한다. 내면의 갈무리 된 다양한 격은 나타내지 않으려 해도 스스로 빛을 발해 주변에서 알아주고 세워 줄 때 비로소 발현되는 것이다.

* 완숙미 : 능숙함에서 오는 아름다움.

▲ 카모마일 | 강병두

교
감

활을 쏘는 사람이라 하지 않고 활을 내는 사람이라 한다.

쏘는 행위는 일방적이고 내는 행위는 동의를 얻는 상호적인 행위이다.

살을 보내 과녁까지 가는 과정은 찰나(刹那)에 가깝지만 과녁이 동의하는 표현은 다양하다.

침묵으로 혹은 소리로 하지만, 소리도 크고 작고 변칙이 다양하다.

화답을 하면 안도와 함께 기쁨의 숨을 쉬고 반응이 없으면 실망이다.

다시 마음을 가다듬고 화살 보내기를 반복한다.

활 내임이 만작인 것은 기쁨과 실망, 모든 것을 받아들이는 마음 준비가 되었다는 것이다.

끼리끼리

떠나보낸 화살이 끼리끼리 모여 있는 것을 볼 때면 즐겁다.

과녁에 맞아서 한쪽에 끼리끼리 널브러져 있어도 즐겁고,

과녁에 안 맞고 한쪽에 끼리끼리 모여 있어도 즐겁다.

맞고 안 맞고를 떠나 끼리끼리 모인 상황이 즐겁다.

우리 또한 마찬가지다.

끼리끼리 같이 할 때가 즐겁다.

비우고 채우고

이름은 하난데 재료와 생김이 다른 게 많다.

그래서 같다고 하면 다르다고 한다.

같은데 뭔가가 다르다 하니 노력이 부족하다고 한다.

부족을 채우려 애를 쓰니 마음을 비우라 한다.

비우는 건 아는데 보이지 않으니 빈지 찼는지를 모른다.

비우면 새로 채워진다는 것도 알지만 넘치는지 모자라는지를 모른다.

매일 선문답하며 지낸다.

어제, 오늘, 내일이 다르다.

하루가 지나니 또 그 자리다.

비우고 채우고 비우고 채우고 가슴만 늘 힘들다.

내일은 또 다른 날이겠지 하지만 그날이다.

아 몰따….

▲ 사람이 있는 풍경 | 강병두

내가 화살이다

궁방에서 활을 부려 궁대를 메고 나선다.

화살을 채우고 깍지를 끼고 과녁을 본다.

기운차게 휘어진 활은 만작이다.

쌩~ 하며 잔디를 가로질러 가는 게 느껴진다.

쿵~ 소리가 나기까지 촌극의 시간이지만 사위는 조용하다.

척~ 하는 소리와 함께 차가운 모래 감촉이 전해지며 널브러진다.

헉~ 저게 나네!

바른 자세에 대한 궁금증?

활 내임을 하면서 바른 자세란 어떤 것일까? 고민하는 시간이 늘어간다. 여타 운동도 마찬가지겠지만 늘 건전한 정신에 건강한 마음가짐을 요구하는 것이 많다. 평시에도 좋은 예법이나 사법을 적용해 실천하고자 하지만 몸과 마음은 편리와 효율을 따른다. 현실은 상대성을 적용해 남보다 앞서야 하고 좋은 결과란 연습의 바로미터로 작용하기 태반이다.

대화에서도 무의식중에 '저 사람은 고단자니 잘 맞출 거야!', '고단자를 중심으로 열심히 하면 잘될 겁니다.'라는 이야기를 흔치 않게 듣게 된다. 내심으론 '저게 뭔 말이야!' 하지만 입 밖으론 내지 않는다. 고단으로 가기까지의 흔적으로 이해해 주기 때문이다.

어제 몇 분들과 나눈 이야기의 요체는 과녁을 맞추기보다는 그 과정의 활 내임 자세가 중요하다는 게 중론이었다. 그래서 바른 자세를 보는 방법은…

- 선찰지형, 후관풍세(先察地形, 後觀風勢) 먼저 지형을 관찰하고 후에 풍세를 살핀다. 사대에 임하는 자세를 본다.

- 비정비팔, 흉허복실(非丁非八, 胸虛腹實) 발의 위치는 정자도 팔자도 아니며 가슴은 비게 하고 배에 힘을 준다. 활시위를 걸 때의 모습을 본다.

- 천추태산, 후악호미(前推泰山, 後握虎尾) 줌손은 태산을 밀 듯 앞으로 밀며 각지 손은 호랑이 꼬리를 잡아당기듯이 뒤로 당긴다. 줌손의 미는 힘과 각지 손의 당기는 힘의 균형이 맞는지를 본다.

- 발이부중, 반구제기(發而不中, 反求諸己) 쏘아서 맞지 않으면 자신의 마음가짐과 자세를 다시 살핀다. 발시 후 자신의 자세를 읽는다.

과녁 맞춤을 우선시하는 것보다 도(道)와 앎을 추구하고자

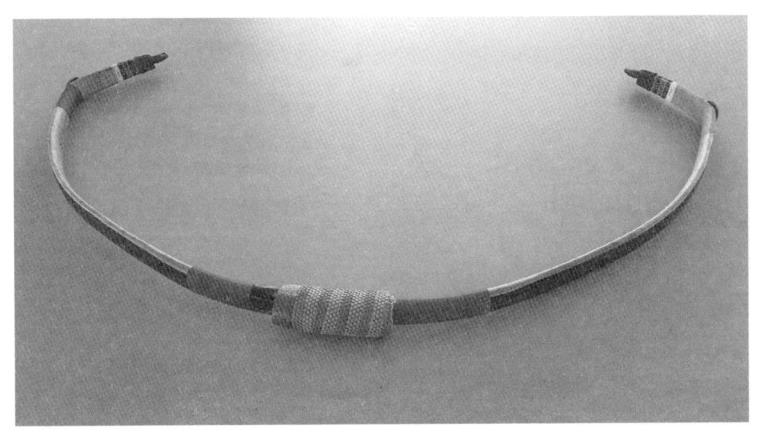

하는 것이니 누가 보기에도 따르고 싶고 배우고 싶은 아름다운 궁체를 바른 자세라 칭하지 않을까 생각한다. 활시위를 가볍게 당겨 만작 되는 시기에 부드럽게 발시하는 군더더기 없고 가장 효율적이고 아름다운 자세를 지향하고 싶다.

▲ 흔적 | 강병두

활이 주는 문제

활은 늘 나에게 문제를 준다.

더워도 문제, 추워도 문제

낭창해도 문제, 팽팽해도 문제

활은 늘 나에게 사랑을 요구한다.

상처가 날까, 탄성이 줄까

색동이나 단색으로 맵시를 내고

아침저녁으로 안부 묻기다.

내가 쏟은 정성과는 반비례하게

문제를 주니 애물단지다.

사진과 활

사진은 과거를 보고
활은 현재를 본다.
사진은 시간을 가두고
활은 시간을 흘린다.
사진에 '본다'라는 화두가 있다.
활엔 '보낸다'라는 화두가 있다.
사진과 활은 계획을 세우나 마음대로 안 되는 점이 같다.
좋든 나쁘든 결과는 낸다.
사진과 활은 '쏜다'라고 한다.
사진과 활은 거짓말을 하지 않는다.
같기도 하고 다르기도 하다.

문화는 자연에서 벗어나 삶을 풍요롭고 아름답게 만들어 가는 행동양식을 말한다. 그러자면 보는 방식이나 표현방식 또한 다양성이 인정되어야 하고 같은 사물을 보더라도 이렇듯 다른 맥락을 찾고 표현하면 더 좋겠다.
우리는 그 과정을 실천해 나가고자 함이다.
문화기행은 다른 생각이 가진 표현에서 물리적으로 혹은 정신적으로 새로운 가치를 이룰 수도 있을 것이다.

강병두

▲ 다른시선, 다른결과 | 강병두

사대스딸

　사람은 각자 나름의 개성이 있다. 살아온 내력과 마음에 갈무리한 품격에서 그만의 행동 스타일이 나타나는 것이다. 사대에 선 접장들을 가만히 지켜보면 같은 동작을 하는 사람이 거의 없다. 같은 궁도 교본을 가지고 배웠고 같은 행동 지침으로 학습했지만, 겉으로 나타나는 행위는 다르게 보인다는 점이다. '활을 들고 살을 보낸다.' 라는 큰 명제는 같지만 나타내는 기교나 기가 다르다는 게 관전의 재미다. 그리고 또 보낸 살에 미련이 많아 몸을 이용한 다양한 방향 조종의 기원이 있는 걸 보게 된다.

　어떤 접장은 엉덩이를 빼며 몸으로 억지를 부리며 살을 조종하려 하고, 화살을 보낸 후 줌손으로 살을 따라가며 흩날리기도 한다. 활을 들어 화살을 보낸 후 기도하는 마음으로 가만히 있는 접장을 보기는 쉽지 않다. 모두가 3초 이내의 기원이다. 구경하기엔 너무 짧지만, 각 사우의 기원 스딸이 달라 구경하다 보면 긴장을 풀고 겉으로 드러내지 않고 속에서 헛웃음을 주기엔 충분하다. 다만 구경에 몰입하다 보면 언젠가 자신도 그렇게 변해 있을 수 있으니 부디 조심하시기를 바란다.

스딸은 스타일(style)을 강조해 읽어 봤다.

▲ 월령 | 강병두

비
운
다

마음을 비우고

힘을 비우고

욕심을 비우고

가벼이 날아가는 살*을 추구하는 과정이다.

* 살 : 화살

최종병기

허한 가슴을 열고 허공과 과녁을 본다.

맞춤을 추구하기보단 과정과 소통을 바란다.

마음속 잠재된 기는 언제나 준비상태다.

내 속에서 장전된 최종병기는 활이다.

문학세계대표작가선 1052
사진가 강병두의 활 이야기

강병두 ESSPOEM

인쇄 1판 1쇄 2025년 7월 11일
발행 1판 1쇄 2025년 7월 18일

지 은 이 : 강병두
펴 낸 이 : 김천우
펴 낸 곳 : 문학세계 출판부 / 도서출판 천우
등   록 : 1992. 2. 15. 제1-1307호
주   소 : 서울시 광진구 구의강변로 85 강우빌딩 7F
전   화 : 02)2298-7661
팩   스 : 02)2298-7665
http://cafe.naver.com/chunwu777
E-mail : cw7661@naver.com

ⓒ 강병두, 2025.

값 15,000원

＊도서출판 천우와 저자의 서면 동의 없는 무단 전재 및 복제를 금합니다.
＊저자와의 협의에 따라 인지는 생략합니다.

ISBN 978-89-7954-959-1